# OBSERVATIONS

## SUR LA NOUVELLE CONVOCATION

### DES COLLÉGES ELECTORAUX.

Sit autem fortitudo nostra lex justi-
tiæ : quod enim infirmum est ,
inutile invenitur.

*Lib. Sapientiæ, cap. 2 , v. XI.*

Serait-il possible que les Ministres d'un Monarque aussi éclairé, aussi vertueux que Louis XVIII,
craignissent de montrer dans leurs administra-
tions, ou dans leurs conseils, autant d'énergie,
que ceux-là qui, naguères, gouvernaient sous
le despotisme même de *Buonaparte?*

Serait-il donc vrai que l'honneur, cette première vertu de la monarchie Française, restât
desseché sur sa tige, faute d'être cultivé par
ceux que la confiance du Roi appelle à le secon-
der dans l'exécution de ses intentions paternelles?

Telles sont, *Français,* mes chers compa-
triotes, les deux questions que m'a laissées à
résoudre la lecture de l'ordonnance du Roi, du
13 de ce mois, sur la convocation des Colléges
Electoraux!

Rien , selon moi, de plus contraire à la justice de Sa Majesté , de plus humiliant pour les Français, et de plus pusillanime pour le Ministère , que les dispositions de cette ordonnance.

D'après cet acte d'autorité, qu'il m'est impossible de ne pas croire surpris à la religion du Roi, il semble qu'il n'existe en France d'individus capables , soit de choisir des membres de la Chambre des députés , soit d'être nommés à ces honorables fonctions, *ou*, que parmi ces écoliers à peine sortis des bans des colléges, tous enfans nés depuis la révolution , nourris du lait de cette cruelle marâtre , et élevés dans sa morale turbulente et subversive de tous principes de raison et de sagesse ; *ou*, que parmi ces imberbes , sans autre expérience que l'impudence trop souvent attachée à une fortune acquise par leurs parens , peut-être d'une manière peu légitime , sans autres lumières que cette habitude de *croasser* des bons mots , dans ce qu'on appelle société de gens d'esprit , et sans autre instruction que celle qu'ils usurpent, avec leur or , de gens respectables et malheureux, devenus le jouet du sort qui les a dépouillés pour enrichir ces nouveaux mécènes, de gens restés ignorés parce qu'ils ne savent qu'être modestes ; *ou* , que parmi ces hommes dont tout le mérite est dans la fortune qu'ils possèdent, sans savoir s'en faire honneur, dont toute la science est de connaître l'art de multiplier les *zéros* joints à des unités, sans connaître la jouissance d'être utiles à leurs semblables, et qui, en un mot, justifient cet axiome trivial : *la richesse est un brevet de stupidité*.

O France! ô ma patrie ! Nation que le retour de ton Roi légitime doit rendre à sa première illustration ! est-ce ainsi que tes *vrais enfans* prétendent te faire représenter, pour concourir avec ton sage monarque, à l'affermissement de ton bonheur?.... L'exemple de ces jeunes et inexpérimentés administrateurs, par lesquels *Buonaparte* t'a constamment tyrannisée pendant quinze ans, ne suffit-il pas pour t'éclairer sur les inconvéniens de voir l'administration toujours livrée à l'adolescence, ou conduite à la lisière par la bassesse et l'ignorance ?

Eh bien, daigne entendre ma faible voix, permets que je te fasse connaître ma pensée toute entière sur le sort que je redoute, pour toi, de l'exécution d'une mesure dérogatoire à la charte constitutionnelle, et sur les vices de laquelle il faut que le Roi ait été abusé.

Je dis d'abord, pourquoi déclarer la Chambre des Députés dissoute, lorsque cette Chambre n'existe plus, par le fait même de cette partie de ses membres qui se sont rangés sous la bannière de l'infâme *Buonaparte* ?

Oui ! puisqu'une partie de ces hommes en qui le Roi avait bien voulu reconnaître les représentans de son peuple, et dont Sa Majesté avait prolongé les pouvoirs jusqu'à leur remplacement (1), a été assez lâche pour trahir ses sermens et l'intérêt de leur patrie, en coopérant ou en applaudissant au retour *du cruel ennemi du bonheur commun*, c'est aujourd'hui insulter à la majesté du Roi que de supposer cette Chambre encore existante, et de la lui faire déclarer dissoute par l'ordonnance du 13 de ce mois....

Oui, s'il fallait s'affliger encore du souvenir de ces députés, la justice, l'honneur français, exigeaient que ce ne fût que pour faire exécuter à leur égard, l'ordonnance rendue par le Roi à Gand, le 13 avril dernier, en conséquence, faire déclarer ces parjures députés, traîtres à la Patrie, et les faire traduire, comme tels, devant une commission spéciale, composée d'un nombre de Pairs et de membres de l'ancienne Chambre des Députés restés fidèles au Roi.

Cette détermination eût été d'autant plus conséquente pour le Gouvernement, que cette ordonnance du 13 avril reçoit son exécution à l'égard des *fournitures faites en vertu d'ordres du gouvernement de Buonaparte*, et en l'absence des Ministres du Roi.

A l'égard de la Convocation des Colléges Electoraux d'arrondissemens et de départemens, je

---

(1) **Art.** 75. Charte Constitutionnelle.

( 5 )

demande quels sont les Colléges Électoraux con
voqués? et chacun me répond : « Ceux qui ont
» été créés par *Buonaparte*. »

S'il en est ainsi, l'ordonnance du Roi qui
prescrit cette convocation est sans objet et
inexécutable; car, d'une part, les pouvoirs de ces
Colléges ont cessé du moment de la première
abdication de leur auteur, d'autre part, ils sont
expirés depuis long-tems et n'ont pas été pro-
rogés.

Suivant l'article 35 de la *Charte* Constitutionnelle, l'organisation des Colléges Electoraux
doit être déterminée par des lois.

Or ces lois n'ont point été rendues, parce-
qu'elles n'étaient pas encore utiles, le premier
renouvellement des membres de la Chambre des
députés ne devant avoir lieu qu'en 1816, (2).

Je dis plus ; il est même à croire, Français,
que si le Roi n'eut pas été entouré de traitres
( comme les événemens du mois de mars dernier
nous forcent à le penser ), ses Ministres se fussent
empressés de faire rendre ces lois organiques des
Colléges Electoraux aussitôt après l'acceptation si
solemnelle et si unanime de la Charte Constitutionnelle. Mais la confiance de ce
Bon Roi ne lui a pas permis de prévoir le dan-
ger qui pouvait résulter de l'absence de ces Lois.

---

(1) Art. 76 de la Charte Constitutionnelle.

D'ailleurs, devait-t-on s'attendre qu'une poignée de scélérats , de conspirateurs , d'ennemis de leur patrie, méconnaîtraient les vertus de leur Souverain , et parviendraient à forcer cet auguste Prince à s'expatrier de nouveau avec sa famille , pour faire occuper son trône par un *Brigand* voué à l'exécration universelle ? Devait-on imaginer que des Mandataires du peuples qui devaient se glorifier d'être enfin délivrés de tous les miasmes pestilentiels du despotisme de *Buonaparte* par la présence du légitime Souverain de la France , et qui devaient désormais borner leur ambition à l'honneur de représenter la Nation avec une pureté digne de celle de l'ame du Roi , *qu'ils ont eux mêmes proclamé* Louis - le - Desiré , se laisseraient de nouveau corrompre par un monstre que dix mois , avant , ils avaient déclaré déchu de l'empire.

Mais pour suppléer à ce défaut de Lois organiques des Colléges Électoraux, devait - on proposer au Roi d'attenter à la Majesté de son trône , en adoptant des Lois de *Buonaparte* pour rendre à ces Colléges leur activité.

Non...... Mille fois non..... Les membres de ces Colléges , ayant ( comme tous les députés parjures au Roi ) prêté serment de fidélité à l'acte additionnel par lequel Buonaparte s'est reconstitué Empereur ) doivent, ainsi que ces méprisables représentans , être interdits en fait d'actes de confiance publique.

Convoquer les Colléges Électoraux formés sous *Buonaparte* ! c'est vouloir faire renouveller les choix odieux et deshonorans pour la France, dont a été composée, en grande partie, cette *convention Napoléonienne du premier Juin* 1815 , copie presque parfaite de la *convention de* 1793.

Puisque le Conseil des Ministres jugeait indipensable de convoquer aussi promptement les Colléges Électoraux, il était plus convenable, et même plus légal, de faire rendre une ordonnance par laquelle « attendu les événemens survenus
» depuis la mise en activité de la CHARTE CONSTI-
» TUTIONNELLE , et l'impossibilité qu'il en est
» résultée de faire rendre des lois organiques
» pour ces Colléges Electoraux, le ROI usant
» du droit qui lui est accordé par l'article quatorze
» de la CHARTE *de faire les réglemens et ordon-*
» *nances nécessaires pour* L'ÉXÉCUTION *des* LOIS
» *et la sureté de l'État ,* aurait ordonné la con-
» vocation des assemblées cantonnales pour le
» *dix Aout prochain* à l'effet de nommer de nou-
» veaux électeurs pour former les Colléges Élec-
» toraux de départemens *seulement* , lesquels
» nommeraient de nouveaux membres à la
» Chambre des députés. »

Cette marche présente deux avantages, 1° d'être plus expéditive que celle indiquée par l'ordonnance du treize de ce mois, car l'intermédiaire des Colléges d'Arrondissemens est absolument inutile, et ne rappelle qu'un moyen, de plus, employé *sous la tyrannie du Corse*, pour se rendre maître des nominations. 2° De procurer de véritables Mandataires de la Nation, car ainsi nommés par des Électeurs élus dans les assemblées cantonnales, leur choix est véritablement fait par les Mandataires du peuple.

De plus, comme il est urgent et indispensable de retremper l'opinion publique, et de l'affranchir de l'influence maligne de tous ces anciens esclaves de *Buonaparte*, et des sectes impies attachés au culte de ce monstre, l'ordonnance devait exclure des nominations à faire, tous les Membres des Colléges Électoraux du tyran, et ceux des anciennes assemblées constituante, législative, convention nationale et Napoléonienne, et de toutes autres assemblées de ce genre auxquelles nous devons depuis vingt-six ans le tourment et les malheurs de la France ; cette ordonnance devait en outre étendre le choix des nouveaux électeurs et des nouveaux députés à toutes les classes de citoyens portés sur les listes communales.

Ce n'est qu'en opérant ainsi qu'on peut vraiment nettoyer les *Étables d'Augius-Buonaparte*, délivrer la France de tout nouveau germe de révolution, et faciliter au Roi les moyens d'en venir à ce but si noble et si grand ; de ramener parmi nous l'heureux tems du bon Henri IV.

Je pense en avoir assez dit pour prouver combien les premières dispositions de l'ordonnance du treize de ce mois sont contraires à la justice du Roi et humiliantes pour les français ; je vais démontrer actuellement que les dispositions subséquentesn'offrent que le fruit, ou d'une insigne faiblesse dans le Conseil des Ministres, ou d'une tiédeur impardonnable, de sa part, pour la tranquillité publique.

» *Les Électeurs d'arrondissement*, est-il dit, » *peuvent* siéger à 21 ans. »

Eh! quoi?il a pu paraître prudent et raisonnable au Conseil des Ministres, d'abandonner ainsi à l'inexpérience le choix si important des Réprésentans de la Nation ?

Ce Conseil a-t-il pu croire qu'il existât beaucoup d'hommes de 21 ans, en état d'apprécier le mérite d'un autre homme soit sous le rapport moral , soit sous le rapport de l'instrution ?... Cela n'est pas présumable. Et lorsque, dans la Charte, le Roi a eu la sagesse de porter à *trente ans* l'age exigible pour être Électeur, son Conseil aurait du s'interdire de porter atteinte à une détermination aussi digne d'éloges..... Oui ! cette Charte devait être , à cet égard , l'arche sainte , et nul Membre de ce Conseil ne devait se permettre d'y toucher, sans craindre d'être frappé d'anathême.

Il en est de même de la disposition de cette ordonnance qui fixe à vingt-cinq ans l'âge compétent pour être *députés*, au lieu de quarante ans déterminé par la CHARTE.

Si trente ans ont paru au ROI l'âge nécessaire pour être vraiment en état de faire des choix de Députés purs et dignes de la Nation française, SA MAJESTÉ a donné une nouvelle preuve de cette sagesse et de cette prévoyance qui ne cessent de la guider dans l'intérêt de son peuple, en exigeant que chaque député n'ait pas moins de quarante ans.

Il est constant et avéré que l'homme à quarante ans s'est rendu maître de ses passions, ou jamais il ne sera en état d'écouter la raison ; cet âge est donc le moindre auquel il faille confier à un homme les intérêts de la Nation. A cet âge on connaît le prix d'inspirer du respect et de s'en rendre digne ; à cet âge on est dégagé de cette manie des puérilités qui font aujourd'hui l'agrément de ce qu'on appelle société aimable ; on se fait une étude de réfléchir et de penser, parce qu'on éprouve dans chaque action qui est la suite de cette étude, la jouissance la plus douce pour l'homme de bien, pour le véritable ami de son ROI et de son pays, celle de mériter l'estime de ses concitoyens et la sienne propre.

Quand à l'adjonction des Membres de la légion d'honneur aux Colléges d'Arrondissement, elle n'est nullement autorisée par la CHARTE, elle a été au contraire supprimée, conformément à cette Charte, par l'ordonnance rendue par le Roi le 20 Juillet 1814 sur l'institution de la légion d'honneur, le Conseil des Ministres ne devait donc pas proposer une pareille adjonction. Ni la *la leçon de l'expérience ni le vœu bien connu de la Nation*, ne l'autorisaient à abroger ainsi la Charte.

En effet, quelle leçon l'expérience nous a-t-elle donnée depuis l'acceptation de la Charte, si ce n'est celle que beaucoup trop de Membres de cette légion ont trahi le Roi et ont contribué ou applaudi au retour du tyran, et se sont ainsi rendus indignes d'aucune exception favorable?

Quel vœu, ou plutôt quelle opinion la Nation a t-elle manifesté depuis l'ordonnance du 20 juillet 1814? si ce n'est que bien des Membres de la Légion sont assurément dignes de cette distinction honorable, et pourraient mériter quelques exceptions en leur faveur; mais aussi qu'il en est un plus grand nombre indignes de l'un et de l'autre de ces avantages! Il y a trop d'exemples que cette distinction a été accordée à l'intrigue, à la ruse, à la bassesse et à la flagornerie!

Du reste, la Charte tranche toute difficulté sur ce point :

L'art. 1<sup>er</sup>. porte : « Les Français sont égaux » devant la loi, quelques soient d'ailleurs leurs » titres et leurs rangs. »

Suivant l'art. « 3. Ils sont tous également admissibles aux emplois civils et militaires. »

Nulle exception n'y est stipulée en faveur des Membres de la Légion-d'Honneur, chacun d'eux n'a donc et ne peut avoir d'autres droits que tous les autres Français.

J'ajoute que toutes les atteintes portées par l'ordonnance du 13 de ce mois à la Charte, sont d'autant plus répréhensibles que les observations, auxquelles elles donnent lieu, sont encore fortifiées par le défaut de nécessité de convoquer simultanément les deux Chambres.

Le budjet de 1815 a été soumis par le Roi aux deux chambres instituées en vertu de la Charte, ce budjet a été adopté par elles et déclaré Loi de l'Etat; cette loi a déja reçu son exécution, notamment en ce qui concerne le paiement des contributions;

Les lois nécessaires pour assurer toutes les autres parties de l'administration ont été pareillement adoptées par ces Chambres, et publiées comme Lois de l'Etat ;

Il n'y a donc pas une urgence réelle de faire ordonner la convocation de ces Chambres aussi précipitamment.

Que les Conseillers - Valets de *Buonaparte*, pour flatter leur idole, s'appliquassent à lui proposer de prendre des mesures contraires aux lois même qu'ils lui faisaient adopter, cela ne pou_

( 13 )

vait surprendre; l'arbitraire a toujours servi d'interprête au despotisme : mais que sous un Roi aussi juste, aussi bon, aussi fidèle à sa parole que Louis XVIII, des Ministres d'Etat éclairés et vraiment dévoués pour l'honneur de leur prince et pour la félicité publique, lui proposent de semblables mesures, c'est ce qui ne peut se concevoir; car, quelque soit le zèle qui les animent, toutes les fois qu'il peut résulter de leurs opinions des réclamations fondées sur des atteintes formelles portées à la CHARTE CONSTITUTIONNELLE, *cette base fondamentale de la tranquillité du royaume*, ces Ministres doivent s'empresser de reconnaître leurs erreurs, et en prévenir les suites souvent funestes.

Aux yeux de qui l'ordonnance du 13 de ce mois pourrait-elle ne pas offrir le parallèle de l'acte additionnel de *Buonaparte*, lorsque cette ordonnance contient des changemens faits à la CHARTE, et dont l'exécution est ordonnée avant d'en avoir fait l'objet d'une loi, de même que l'acte additionnel a fait à la constitution impériale, des changemens qui ont été exécutés pareillement avant d'avoir été reconnus comme Lois de l'Etat?

O Français! oublions, s'il est possible, jusqu'au nom de l'exécrable *Buonaparte!* mais surtout gardons-nous d'imiter les actes de son gouvernement infâme.

Je le répète donc, inutilité de hâter aussi précipitamment la convocation des deux chambres.

Nécessité commandée et par la raison, et par
la justice, et plus encore par la force des circons-
tances, de renouveler entièrement les Colléges
Electoranx et les Membres de la Chambre des
Députés, et de déclarer inéligibles , pour cette
session, tous ceux qui ont fait partie de ces Colléges Electoraux, et de toutes les assemblées de
Représentans de la Nation qui ont eu lieu jusqu'à ce jour.

Une autre nécessité absolue , commandée par
l'esprit de justice dont le Roi est animé, et que
réclame l'honneur français est celle de rejeter, de
la CHARTE CONSTITUTIONNELLE , la disposition qui
prescrit de ne choisir les Députés que dans la
classe des contribuables imposés au moins à
1000 francs d'impôt. Non-seulement cette disposition est une dérogation manifeste et inconve-
nante à l'art. 3 de la CHARTE même , mais encore
elle est un moyen sûr de n'avoir, pour Députés ,
que des hommes ou ineptes , ou intéressés à former un parti d'opposition contre les vues bien-
faisantes du Roi.

Le Conseil des Ministres pourrait-il penser que
le vrai mérite ne réside que sous les lambris
dorés, où ne se prouve que par la possession
d'immenses coffres-forts regorgeant d'or ? ce
serait une grande erreur.

Croirait-il que les vrais amis du Roi se trouvent parmi ces nouveaux enrichis, lesquels sont actuellement la majeure partie des riches du jour, et qui sortis la plupart des professions les plus ordinaires, n'ont jamais eu d'autre logique que celle du calcul des espèces, ni d'autre esprit que l'adresse de couvrir leurs rapines d'une apparence plus ou moins probable de légitimité de gains? Ce serait une erreur plus grossière que la précédente.

L'expérience a démontré dans tous les tems, et démontre encore journellement, que la vraie science n'a jamais enrichi ceux qui la cultivent; que la modestie sert toujours de régulateur à l'honnête homme, et qu'avec un tel guide il ne peut s'enrichir que moralement; et que si quelque fois il se trouve, parmi les riches, certains esprits éclairés, le plus ordinairement la direction de ces esprits a pour boussole l'intérêt, et cède facilement à la corruption.

En un mot il ne peut être révoqué en doute que le Roi n'a de vrais amis que parmi les hommes sans ambition, sans fortune, et qui ne forment des vœux que pour le salut de la France et la conservation de leur Roi, tandis qu'une grande partie de ces possesseurs de richesses immenses, n'a d'entrailles que pour l'usurpateur à qui ils doivent pour la plupart leurs fortunes, et sont peut-être encore tout prêts à lui offrir des moyens de revenir renouveller notre tourment.

Enfin n'admettre pour députés que des contri-buables de 1000 fr. d'impôt et au-dessus, c'est vouloir nous livrer encore aux vociférations des esclaves de Buonaparte, de ces bourreaux de tri-bunes que l'amour du parlage éxaspère, c'est nous préparer de nouveaux troubles, c'est nous priver du bienfait que le Roi a entendu nous assurer en nous donnant la CHARTE CONSTITUTIONNELLE.

Je dois m'attendre, en publiant ces observa-tions, à des critiques, à des sarcasmes, peut être à des persécutions. Je déclare donc, d'avance, que je recevrai les critiques avec reconnaissance si elles me démontrent que je suis dans l'erreur ; que je livrerai facilement à l'oubli les sarcasmes qui n'offriront que cette habitude de plaisanter de tout, et au mépris ceux qui offriraient une intention de personnalité ; à l'égard des persécu-tions, je les supporterai avec la constance d'un cœur sincèrement fidèle à son Roi, fort de l'es-poir de terminer ma carrière ( déjà aux deux tiers de son terme ) en me glorifiant d'avoir obtenu du ciel la grace insigne de revoir enfin mon Sou-VERAIN LÉGITIME remonté sur le trône deses augus-tes ayeux, et en applaudissant aux efforts de ce bon Roi, pour le bonheur des Français.

*Paris, le 15 Juillet 1815.*

MORISSE, *Avocat en la Cour, rue et place Royale,* n. 13.

DE L'IMPRIMERIE DE LAURENS AINÉ,
quai des Augustins, n° 19.